AF337544

COMMENT

UNE NATION

RÉTABLIT SA PROSPÉRITÉ

ERREURS QU'ELLE DOIT ÉVITER

PAR

Michel CHEVALIER

Membre de l'Institut.

Extrait du *Journal des Économistes*, numéro de Juillet 1871.

PARIS

LIBRAIRIE GUILLAUMIN ET C⁶, ÉDITEURS

De la Collection des principaux Économistes, des Économistes et Publicistes contemporains
de la Bibliothèque des sciences morales et politiques, du Dictionnaire
de l'Économie politique, du Dictionnaire universel du Commerce et de la Navigation, etc.

RUE RICHELIEU, 14

1871

COMMENT

UNE NATION RÉTABLIT SA PROSPÉRITÉ

ERREURS QU'ELLE DOIT ÉVITER [1].

I

RÈGLES FONDAMENTALES POUR ATTEINDRE CE RÉSULTAT.

En présence de la patrie accablée, comme la France l'a été dans la guerre de 1870-1871, le citoyen qui aime son pays, après s'être livré un moment à la douleur ou à l'indignation, fait pourtant effort sur lui-même, afin de donner à sa pensée un autre cours. Autant qu'il le peut, il contient l'affliction qui lui déchire le cœur et il impose silence à ses ressentiments. Il se rappelle que les grandes nations participent, lorsqu'elles le veulent fortement, au privilége de l'immortalité, et qu'ainsi il n'y a pas de désastres, militaires ou de tout autre genre, qui doivent porter un grand peuple à s'abandonner lui-même.

Les malheurs publics, même les plus grands, sont pour les nations des épreuves dont elles parviennent à surmonter l'amertume et à soulever le fardeau, à la condition de déployer, dans toute leur ampleur, leurs facultés intellectuelles, et de mettre énergiquement en action le ressort des âmes retrempées par l'adversité.

J'exagérerais, par delà tout ce qu'autorisent la raison et la convenance, l'étendue du domaine propre à la science que je suis chargé de vous enseigner, si j'entreprenais, ce qui d'ailleurs serait bien au-dessus de mes forces, de vous tracer le programme des actes par

---

[1] Discours d'ouverture au Collége de France, le 14 juin 1871.

lesquels la France pourra se relever des coups terribles dont elle a été frappée depuis le mois de juillet dernier. Les revers des nations, lorsqu'ils atteignent certaines proportions, peuvent, dans une forte mesure, être attribués à des causes profondes de l'ordre moral. Pour les réparer, il est indispensable de mettre en œuvre des forces de la même nature, celles qui constituent les plus nobles attributs de l'espèce humaine. Ces forces n'étant pas de la compétence de l'économie politique, il ne m'appartient pas de vous en faire apprécier l'excellence, de vous en signaler les divers modes d'activité. C'est une haute mission que je dois laisser tout entière à ceux auxquels elle est confiée.

En observant rigoureusement la loi de me renfermer dans les strictes limites du territoire de l'économie politique, je puis cependant aborder quelques-uns des nombreux aspects du grave sujet qui préoccupe si vivement tous les bons Français.

L'économie politique, pas plus qu'aucun autre corps de doctrines, ne possède la puissance attribuée à ces oracles de l'antiquité qu'on supposait capables de fournir sur l'heure une réponse opportune et juste à toute question qu'on venait leur adresser. Mais elle a le dépôt de quelques-unes des règles de la sagesse humaine. Elle peut fournir de précieuses indications sur les meilleurs moyens de susciter la prospérité matérielle des États et, par conséquent, de la ressusciter quand elle a été atteinte par l'impitoyable destinée. Elle a pour objet spécial de rechercher comment il est possible de transformer, avec l'aide du temps, en nations riches celles qui étaient retombées dans la détresse aussi bien que celles qui n'en étaient jamais sorties. Un de nos livres classiques, celui qui, plus qu'aucun autre peut-être, a contribué à rectifier sur ces matières les idées des classes instruites de l'Europe, le grand ouvrage d'Adam Smith, a pour titre précisément : *Recherches sur les causes et l'origine de la richesse des nations*.

Les formules de l'économie politique sont remarquables par leur simplicité, qui semble les mettre à la portée de toutes les intelligences. Cette simplicité extrême n'exclut cependant pas le grandiose dans les résultats que donne l'application des principes. Dans le cours de cet enseignement j'ai eu souvent et j'aurai encore l'occasion de vous en citer des exemples.

Il n'y a pas de formule plus simple que de dire à une nation :

« Travaillez tous, travaillez bien, chacun selon son aptitude. Quand vous avez recueilli le fruit ou la rémunération de votre travail, soyez économes. Cultivez votre intelligence, afin de découvrir par l'étude et l'observation de la nature les moyens de travailler avec plus de succès, c'est-à-dire, de produire plus avec le même effort personnel et dans le même espace de temps. Respectez réciproquement votre liberté dans le travail, car, dans cette sphère comme dans toutes les autres, la liberté est le ressort de l'intelligence et le levier du progrès. A ces conditions vous êtes assurés de parvenir à cette forme de la puissance qui fait l'objet de l'économie politique et qu'on appelle la richesse, ou de la recouvrer si vous l'aviez perdue. »

Ce programme succinct, qui semble emprunté au bon sens de la rue et que pourtant beaucoup d'individus, et quelquefois les peuples, même les plus civilisés, sont sujets à méconnaître et à oublier, contient toute l'économie politique. La substance de cette science c'est qu'une nation parvient infailliblement à la prospérité, si elle adopte pour base de son économie le programme que je viens d'esquisser en quelques lignes et qui se résume en ces mots : le travail, l'épargne, l'instruction, la liberté.

Disons rapidement un mot de chacun de ces fondements de la grandeur des peuples, telle qu'elle apparaît du point de vue de l'économie politique.

Le travail, c'est lui qui produit toute chose. Comment donc ne pas le respecter ne pas l'encourager?

L'épargne, c'est elle qui forme le capital. Celui-ci est la matière première des améliorations matérielles, dans la société. Plus que cela, c'est une puissance surprenante par sa fécondité, par la diversité et l'étendue des bienfaits qu'elle répand sur les hommes, et pourtant, par une incroyable méprise, le capital est considéré aujourd'hui comme un ennemi par une partie des classes qui en éprouvent la plus heureuse influence, et dont le sort s'adoucit en proportion de son abondance.

L'instruction, lorsqu'elle est, ainsi que les citoyens les plus éclairés l'ont tant demandé chez nous, le partage de toutes les classes et de tous les individus, a, au point de vue de l'économie politique, deux effets généraux également salutaires. Le premier, c'est que par elle les esprits distingués naissent pour ainsi dire à une autre vie où leur puissance est décuplée. Ils trouvent incessamment de nouveaux procédés et de nouvelles méthodes de travail qui sont d'une efficacité supérieure et dont profitent leurs concitoyens et le genre humain tout entier. Le second, c'est que par le moyen de l'instruction, ainsi mise à la portée de tous, chacun des individus qui composent le commun des hommes se rend mieux compte de sa tâche et l'accomplit avec plus de succès pour lui-même et pour la communauté.

Le dernier des éléments que j'ai indiqués tout à l'heure, et dont l'action et la réaction les uns sur les autres crée la prospérité des États, est la liberté du travail. Celle-ci consiste en ce que chacun ait le droit d'exercer la profession qu'il préfère, à l'abri des priviléges et des monopoles qui, dans un ordre de choses inférieur, pourraient être attribués à des particuliers ou à des localités, et sans crainte des règlements restrictifs où se complaisent les administrateurs ignorants et présomptueux qu'il n'est pas rare de voir apparaître à l'horizon chez quelque peuple que ce soit. La liberté du travail, c'est que chacun ait, dans sa plénitude, le droit de travailler suivant les procédés qu'il croit les meilleurs, en prenant ses matières premières, ses mécanismes, ses appareils, là où ils s'offrent aux conditions les plus avantageuses, aussi bien à l'étranger que dans l'intérieur du pays.

Il ne s'agit pas seulement de proclamer en principe la liberté du travail et de la placer dans les nuages où on lui adresserait des hommages stériles, car ce ne serait alors qu'une liberté mystique, et il en faut aujourd'hui aux nations une qui soit réelle et effective.

Pour être telle, la liberté du travail exige que l'homme laborieux soit dégagé des liens par lesquels, dans l'ancien régime, en France comme partout, on avait l'habitude de paralyser le labeur industriel et l'exercice des professions utiles en général. De ces entraves il nous reste encore un regrettable luxe de formalités et, dans un certain nombre de cas, la condition de l'autorisation préalable qui est la négation de la liberté.

Dans l'ordre des faits économiques, la liberté se traduit nécessairement par la concurrence dont l'aiguillon, quelquefois incommode pour l'individu, surtout pour celui qui a eu le tort de se placer dans de mauvaises conditions, est cependant très-utile pour la société. C'est un des caractères de notre temps, un des progrès qui lui font le plus d'honneur, qu'on y ait constaté et proclamé que, pour atteindre son maximum d'effet, la concurrence doit être universelle et se faire réciproquement sentir entre tous les membres du genre humain.

Il n'est pas impossible que le principe de la liberté du travail ait désormais besoin d'être défendu parmi nous avec un soin particulier. Sous les divers aspects qu'il présente, il compte des adversaires redoutables. Sous la forme de la concurrence universelle, qui est dénommée plus habituellement la liberté du commerce, il en a de nombreux et de puissants, et de ce côté il est permis de prévoir des attaques pressantes. A ces entreprises rétrogrades nous pourrons, heureusement, opposer la double autorité de la raison et de l'expérience. Sur le terrain du raisonnement les objections qu'on fait à la liberté du commerce ne sont que des illusions. Je renvoie ceux qui en douteraient à un livre irréfutable, les *Sophismes écono-*

miques, de Bastiat. Sur le terrain de l'expérience, l'essai, fort incomplet, de la liberté commerciale, qui a eu lieu parmi nous à la suite des traités de commerce, dont le premier date du 23 janvier 1860, est de nature à convaincre les plus incrédules, s'ils veulent l'examiner froidement, car la France en a retiré de grands avantages. On est bien fort, messieurs, on est fondé à ne rien craindre des orages de la discussion quand on a pour soi la raison et l'expérience.

En nous conformant aux règles qui sont recommandées par l'économie politique, et que je viens de rappeler, nous trouverons les trésors qu'il nous faut pour nous dégager des charges énormes qui se sont accumulées sur nous depuis le mois de juillet 1870.

Il est permis de s'attendre à ce que des hommes qui sont pourvus de bonnes intentions plus que de lumières, s'efforcent de nous détourner de la bonne voie. L'histoire est pleine de tentatives de ce genre. Pour que nous soyons en garde contre ces funestes écarts, il n'est pas hors de propos d'en citer des exemples, en les caractérisant comme ils le méritent. Et afin qu'ils soient plus concluants pour nous, je les emprunterai à l'histoire de France.

II

DANGER DES PROGRAMMES CONTRAIRES AUX PRINCIPES. EXEMPLE DU SYSTÈME DE LAW.

Un exemple remarquable nous est fourni par les événements financiers qui se passèrent pendant la minorité de Louis XV. Le régent Philippe d'Orléans se trouva en face d'un trésor obéré et d'une société totalement épuisée par les sacrifices que lui avaient imposés l'ambition effrénée et le faste oriental de Louis XIV. La situation était relativement tout aussi embarrassante qu'elle peut l'être aujourd'hui. Les empiriques, qui avaient succédé à Colbert dans le maniement de la trésorerie, avaient usé et abusé de tous les tours qu'ils connaissaient, et le conseil des finances avouait au régent son impuissance absolue. Dans ces circonstances, il arriva de l'Écosse un homme de bonne mine et de bonnes manières, inépuisable dans ses conceptions, qui fit au régent des promesses brillantes. C'était le célèbre Jean Law. Le régent avait l'esprit disposé au merveilleux ; on assure qu'il avait poursuivi l'insoluble problème de la pierre philosophale. Il eut confiance dans l'Écossais et s'abandonna à lui.

Law aurait pu tenir au prince ce langage : « La souffrance du peuple serait tempérée si les charges de l'impôt étaient moins inégalement réparties et si, de même qu'en Angleterre, chacun, sans

distinction de classe, payait en proportion de ses moyens. »Mais
en supposant que Law eût parlé ainsi au régent, celui-ci lui aurait
répondu probablement que l'égalité devant l'impôt pouvait bien
être conforme aux règles d'une bonne politique et d'une sage économie nationale, qu'il se pouvait que ce fût le moyen de provoquer
le rapide développement de la richesse publique ; mais qu'il lui serait impossible de l'établir sans se brouiller avec les deux ordres
privilégiés, la noblesse et le clergé. Ces deux ordres, vous le savez,
ne payaient pas la taille. Au contraire, ils percevaient sur le reste
de la nation des redevances considérables, l'un par la dîme, l'autre
par les droits féodaux, et ils étaient attachés à leurs priviléges
avec l'obstination la plus aveugle.

Law eût pu encore dire au régent : « L'agriculture est gênée
par les corvées, par la législation arbitraire sur le commerce des
grains et de vingt autres manières. Faites disparaître ces restric-
tions. L'industrie manufacturière et l'industrie commerciale sont
dans la servitude, à cause du régime des corporations et par le fait
des compagnies privilégiées ; dégagez-les de ces entraves. Faites
luire, pour toutes les formes de l'industrie, le flambeau de la liberté
spéciale qui l'intéresse, et vous en tirerez bientôt un magnifique ac-
croissement de revenu. »

De même, Law aurait pu faire remarquer au régent que les bar-
rières, qu'on laissait subsister entre les différentes provinces du
royaume, les empêchaient d'échanger leurs productions, qu'elles
causaient par cela même un grand préjudice au travail national, et
restreignaient le développement de la richesse générale et particu-
lière, ce qui se réflétait sur le trésor par un grand dommage.

Le financier écossais conseilla-t-il au régent tout ou partie de ces
améliorations, qui étaient en activité dans sa patrie d'origine, la
Grande-Bretagne? On l'ignore. Ce qui est constant, c'est qu'en dé-
finitive Law proposa et le régent accepta, comme moyen de libé-
ration des dettes de l'État, et comme instrument d'une heureuse
révolution dans la richesse publique, la combinaison connue dans
l'histoire sous le nom du *Système*. Elle était radicalement défec-
tueuse en elle-même, et les vices en furent portés au delà de toute
limite par l'avidité des courtisans que le régent avait la faiblesse de
tolérer, quoiqu'elle n'échappât point à son regard intelligent. Le
Système était un immense échafaudage dont la base était le papier-
monnaie. L'agiotage fit monter un instant ce papier à une valeur
inouïe. Tout le monde fut ébloui. Le régent, la cour et la ville,
aveuglés par l'ignorance ou fascinés par leur imagination crédule,
se crurent transportés dans l'Eldorado.

Mais le résultat final était écrit d'avance. Au lieu de reposer sur un travail effectif, sagement organisé, la valeur des titres mis en circulation par l'Écossais Law, devenu contrôleur-général des finances, était fondée en majeure partie sur les produits, à venir et infiniment incertains, de l'exploitation de la vallée du Mississipi, qui était un désert sans culture et sans population.

On a pu appliquer au *Système* le vers d'un de nos plus grands poëtes :

« Je n'ai fait que passer, il n'était déjà plus. »

Le Système s'écroula donc après que le régent, pour le soutenir artificiellement, eut accumulé l'un sur l'autre les édits les plus contraires à la liberté des transactions et à la liberté civile en général, et même les plus attentatoires à l'honnêteté, car quelques-unes de ces lois excitaient le domestique à dénoncer son maître, le fils à dénoncer son père, dans le cas de certaines contraventions prétendues, et il y eut des exemples de l'un et de l'autre.

Quand le Système fut par terre, l'État se trouva plus endetté qu'auparavant. Les familles, en nombre immense, qui, de gré ou de force, y avaient placé leur avoir, étaient ruinées. Seuls, un petit nombre de courtisans, dans l'intérêt desquels le régent avait imposé à Law ses préférences, ainsi que quelques spéculateurs sans conscience et sans frein, en retirèrent une opulence que rien ne justifiait, car elle n'était le fruit d'aucun travail, la récompense d'aucun service rendu à l'État ou à la société.

Il ne pouvait y avoir rien que de chimérique dans l'idée de faire passer subitement la France de la misère à la richesse. Les changements à vue ne s'accomplissent que sur la scène de l'Opéra. Il était contraire à la raison et au bon sens de supposer qu'il était possible au Système d'enrichir la nation ; car les règles fondamentales de la prospérité des peuples y étaient méconnues. Le Système ne provoquait aucunement le développement du travail. Au lieu d'exciter les hommes à l'épargne, il sema le goût du luxe et de la dépense. Rien n'y était prévu pour répandre parmi les populations l'instruction générale et spéciale. Il laissait subsister telle quelle la vieille organisation industrielle et commerciale de la France, d'où la liberté était absente, et quand le Système chancela, ce ne fut pas la liberté qu'on appela à son secours ; loin de là, on rendit, je viens de vous le dire, une suite d'édits arbitraires et tyranniques.

Law cependant a trouvé, non-seulement des apologistes, mais des admirateurs. On l'a représenté comme ayant été le premier père des heureuses conceptions sur le crédit et l'association qui fleurissent dans les temps modernes. On est bien plus près de la vérité en le considérant comme un homme doué d'une intelligence heureuse, mais qui fut lui-même dupe de son esprit, et asservi

dans sa gestion par la cupidité des auxiliaires et des protecteurs dont
il eut besoin pour être et rester en faveur auprès du prince. Le
seul éloge qu'il ait mérité, c'est d'avoir été sincère et même dés-
intéressé. S'il renversa le bien-être ou détruisit la fortune de beaucoup de familles, ce ne fut pas à son profit. Obligé à s'exiler par le
mécontentement public qui succéda à une popularité éphémère, il
quitta la France plus pauvre qu'il n'y était entré. Il vécut tran-
quille et calme pendant de longues années à Venise, de la valeur
d'un diamant, seul notable débris qu'il eût emporté des grandes
richesses dont il avait été un moment le possesseur.

III

EXEMPLE DE LA RÉVOLUTION FRANÇAISE. LES ASSIGNATS.

Un autre exemple d'aberration colossale dans le maniement de
la richesse collective de la France et dans la gestion financière de
l'État se présente dans notre histoire, à l'époque où la grande révolution, commencée en 1789, eut à soutenir la guerre contre l'Europe coalisée.

La révolution avait débuté par des actes irréprochables en substance, très-favorables au progrès de la richesse collective et
individuelle et conformes aux règles fondamentales que je
vous ai déjà rappelées. L'industrie manufacturière et l'industrie commerciale avaient été dégagées des maîtrises et des ju-
randes et des corporations privilégiées en général, et le régime de
la liberté y avait été inauguré. Une multitude de règlements vexa-
toires avaient été abolis. Le tarif des douanes avait été remanié
profondément dans un esprit libéral. On avait renversé les bar-
rières qui jusque-là séparaient les provinces les unes des autres et
devant lesquelles la forte volonté de Colbert avait échoué. On avait
même supprimé une autre sorte de douanes intérieures, qui a été
rétablie depuis, je veux parler des octrois des villes, qu'il est vrai
l'on n'avait pas su remplacer par un équivalent. L'échange était
devenu facile entre les villes et les campagnes, de même qu'il
l'était entre les provinces et avec l'étranger. L'égalité des citoyens
devant l'impôt, c'est-à-dire, la contribution proportionnelle aux ressources de chacun, sans distinction de classe, était devenue la loi
de l'État. Toutes ces mesures étaient de puissants stimulants
pour le travail et favorisaient la marche ascendante de la richesse
privée et publique.

Des changements aussi grands et aussi bienfaisants auraient mé-
tamorphosé la France si on leur avait laissé suivre leur cours. Mal-

heureusement, tous ces dons de la révolution devaient bientôt être empoisonnés. Le venin, ce furent les sentiments violents qui s'introduisirent dans le sein de la société française lorsqu'on vit les cabinets étrangers, rivaux envieux de notre puissance, concerter leurs efforts pour arrêter l'essor de la liberté politique dont la France donnait l'exemple.

Une fois la guerre déclarée, un grand problème financier fut posé ; il s'agissait de subvenir aux besoins d'une lutte qui éclatait sur toutes les frontières à la fois et qui, sur mer, n'était pas moins furieuse que sur terre. Déjà, au début de la Révolution, en 1789, les finances étaient dans une condition fâcheuse ; l'occasion même de la révolution avait été la permanence d'un déficit dans le budget. Cependant, par des moyens révolutionnaires, on s'était procuré des ressources soudaines et considérables. Dès 1789, l'Assemblée constituante s'était emparée, au nom de l'État, des biens territoriaux du clergé dont la valeur s'élevait à plus de 2 milliards et probablement à trois. Un peu plus tard, l'État s'attribua une autre catégorie de propriétés, celles des émigrés. La confiscation générale en fut prononcée, après que plusieurs sommations de rentrer leur eurent été inutilement adressées. Ces terres formaient une somme égale aux biens du clergé. On possédait ainsi une réserve très-ample, eu égard à ce qu'étaient à cette époque les dépenses d'un État, même de premier ordre. En ménageant habilement ces moyens extraordinaires et en les combinant avec un budget ordinaire, tel que la France pouvait le supporter, il était possible de couvrir les frais de la guerre, et d'arriver à l'époque de la paix sans avoir désorganisé les finances, sans avoir porté aucune atteinte profonde à la richesse publique, sans avoir accru la dette de l'État.

Mais on répéta les fautes commises sous la régence et on y en joignit d'autres plus graves encore.

De même que l'Écossais Law, on crut à la toute-puissance du papier-monnaie, c'est-à-dire des billets portant le nom d'une somme d'argent et jouissant du privilége exorbitant du cours forcé, sans qu'il y eût aucun bureau de l'État dans lequel les particuliers pussent les échanger contre un montant égal en espèces métalliques. Des esprits puissants, saisis de l'exaltation qui était dans l'atmosphère, adoptèrent l'expédient et le préconisèrent, supposant que sur la pente du papier-monnaie on pouvait s'arrêter à volonté. La plus forte tête de la Révolution, Mirabeau lui-même, tomba dans cette erreur. On se flattait d'avoir évité l'écueil où était venu échouer le *Système* de la régence, parce que les assignats, c'était, vous le savez, le nom du nouveau papier-monnaie, au lieu d'être hypothéqués sur les brouillards du Mississipi, avaient la garantie des biens nationaux s'élevant à 5 ou 6 milliards. On se paya d'une métaphore qui n'était que spécieuse. On soutint que l'émission des assignats c'était le monnayage des biens nationaux ; comme si des champs de blé, des forêts et des vignes pouvaient passer sous le balancier de la monnaie, à l'instar de lingots d'or et d'argent. On ne voyait pas que les assignats, s'ils se multipliaient au delà d'un certain point, encombreraient les canaux de la circulation et nécessairement perdraient alors une partie de leur valeur nominale ; partie d'autant plus forte que la multiplication serait plus grande et plus rapide.

En fait, la marche du gouvernement et de l'administration fut telle que bientôt la quantité des assignats en circulation fut excessive ; les rentrées étaient infiniment loin de balancer les émissions nouvelles : divers impôts avaient été supprimés, et le rendement des autres était amoindri par l'effet de la guerre et des graves événements qui s'étaient déroulés à l'intérieur, parallèlement aux attaques de l'étranger. Les besoins de l'État étaient donc énormes, et la Trésorerie, dans sa détresse, n'ayant pas autre chose sous la main, jetait dans le public des masses toujours croissantes de papier. Les assignats, en s'avilissant, obligeaient la Trésorerie à accroître successivement le montant des émissions nécessaires pour parer aux mêmes besoins. On avait beaucoup compté sur la vente des biens nationaux pour rétablir l'équilibre, puisque le payement devait se faire en assignats ; mais cette espérance fut déjouée par diverses causes, dont l'une était que l'État cédait ces biens à vil prix, faute d'une suffisante concurrence parmi les acquéreurs.

Il arriva donc bientôt que les assignats reproduisirent les inconvénients du papier-monnaie mis en circulation par Law pour la réalisation du Système. Le mouvement de dépréciation s'accélérant chaque jour, les tribuns de la rue, ceux de la société des Jacobins et de la Commune de Paris et ceux de la Convention elle-même imaginèrent que c'était l'effet d'une conspiration contre la République, tandis qu'il ne fallait y voir que le résultat de l'excès des émissions, résultat aussi inévitable que celui de la gravitation universelle qui fait choir tout corps dépourvu de soutien. On fit des lois sévères contre ce qu'on appelait le commerce des assignats, c'est-à-dire, contre leur échange avec l'or et l'argent autrement qu'au pair de la valeur nominale. Il y eut contre ce prétendu crime, qui était l'expression pure et simple du véritable rapport des choses, la peine des travaux forcés et la peine de mort. De telles lois étaient des atteintes violentes à la liberté des transactions, et elles furent impuissantes parce que la volonté de l'homme échoue toujours lorsqu'elle a le malheur de s'attaquer aux lois naturelles. Mais elles répandirent l'effroi parmi les commerçants et les producteurs en tout genre, et les obligèrent à restreindre fortement leurs opérations et leurs entreprises.

Ce qu'il y a de plus fâcheux dans la faute que commet le législateur, lorsqu'il viole les rapports naturels des choses, rapports dont Montesquieu a dit justement que les lois doivent en être l'expression, c'est que, pour soutenir une première aberration, il est obligé d'en commettre une seconde, une troisième, et ainsi de suite, et d'étayer par le moyen des rigueurs du Code pénal, en les outrant sans cesse, l'échafaudage qui menace ruine. On avait fait un premier pas dans cette voie si périlleuse en portant des peines énormes contre ce qu'on appelait mal à propos le commerce des assignats. Ce n'était que le commencement d'une suite de mesures déplorables et odieuses, qui devaient anéantir la prospérité publique et ruiner complétement le Trésor.

La plus manifeste de ces violences fut la loi de maximum. Le législateur crut ou feignit de croire qu'on arrêterait la dépréciation en fixant la somme en assignats contre laquelle s'échangerait chaque sorte de marchandise. Ce fut une réglementation arbitraire au plus haut degré. Dans le cours ordinaire des choses, quand c'est la liberté qui préside aux transactions, et alors que les payements se font en espèces métalliques, chaque marchandise est sous-divisée en nombre de variétés, dont chacune a son prix différent ; et, du jour au lendemain quelquefois, la variation de chaque prix est sensible. Quand les payements se font en papier-monnaie dont le cours est variable, c'est une raison de plus pour que les variations soient fréquentes. C'en est une aussi pour qu'elles aient une grande amplitude.

La loi du maximum eut pour effet immédiat que personne n'eut plus intérêt à produire les divers objets nécessaires à la consommation, même la plus usuelle, non plus qu'à les acheter pour les revendre. Si la loi du maximum eût été observée généralement, l'activité productive de la société eût été totalement suspendue. Si la production persévéra, non cependant sans s'amoindrir extrêmement, en dehors de Paris et d'un certain nombre de grandes villes où les démagogues veillaient, c'est parce que, hors de ces grands centres, la loi du maximum fut plus ou moins incomplétement appliquée. Mais cette loi n'en fit pas moins un mal immense.

Dans le régime de cette époque, qui est signalée dans l'histoire sous la dénomination de la Terreur, la haine la plus exaspérée, la défiance la plus envenimée, étaient les sentiments qui dominaient les hommes, et qui dirigeaient la conduite des pouvoirs effectifs de l'État. Il s'ensuivit une véritable désorganisation sociale. L'agriculture, les manufactures, le commerce, cessèrent de créer la richesse ou ne la suscitèrent plus que dans des proportions infimes. L'impôt, restreint déjà dans sa puissance productive par des réductions imprévoyantes et par les vices de la perception, ne rendit plus à l'État que des revenus insignifiants, parce que les ressources privées des citoyens étaient anéanties.

Oubliant que la Révolution avait débuté en proclamant la liberté la plus étendue, on supprime de plus en plus la liberté dans l'ordre économique comme dans l'ordre politique. On fut, dans le domaine de l'industrie, haineux, exclusif, impitoyable, comme on l'était dans les discussions politiques. Par la perversion des opinions, les riches devinrent des suspects ou des coupables. Des professions honorables furent dénoncées comme des attentats contre l'intérêt public. Le chef d'industrie fut réputé un aristocrate qui grugeait les ouvriers. Les capitalistes furent mis au ban comme des sangsues. Des crimes tout nouveaux, imaginés par les démagogues, furent signalés à une multitude éperdue qui, aigrie par les privations, admettait d'emblée toutes les inspirations sinistres de ses flatteurs. Parmi ces crimes imaginaires, il y eut le *commerciantisme* ou *négociantisme*. Le commerce des grains, qui est indispensable pour l'alimentation des villes et pour la répartition des récoltes sur les diverses parties du territoire, fut l'objet d'un stigmate particulier : le commerçant en blé fut l'*accapareur*, une sorte d'ennemi public exceptionnellement pernicieuse. Quand des boutiques étaient pillées dans Paris, c'était représenté comme une simple réparation par laquelle le peuple reprenait son bien. C'est ainsi que Marat qualifiait le fait dans son journal tout-puissant, qui portait le nom usurpé de *L'Ami du peuple*. La conséquence devait être et fut que les boutiques se fermèrent, et que le consommateur ne trouva plus rien à acheter contre son argent. Cette série de mesures qui, dans la pensée de leurs auteurs et selon leurs discours, devaient rétablir la prospérité publique, et faire plus particulièrement le bonheur de l'ouvrier, engendrèrent la détresse générale et plongèrent les classes ouvrières, celles des villes surtout, dans le plus affreux dénuement.

Mais alors, faisant un effort suprême, la France répudia avec horreur les guides qui, sous prétexte de liberté, lui avaient imposé une tyrannie exécrable, qui, sous prétexte de progrès, la ramenaient à la barbarie, et qui, dans le but prétendu de soustraire le pauvre à l'exploitation du riche, l'avaient réduit au point de n'avoir plus de pain.

Mais un mal prodigieux avait été fait, et il a fallu beaucoup de temps pour le réparer.

IV

CE QUI PRÉCÈDE N'EST PAS UNE ATTAQUE CONTRE LES PRINCIPES DE LA RÉVOLUTION, BIEN AU CONTRAIRE.

Si je m'exprime ainsi, messieurs, ce n'est pas dans le but de ravaler à vos yeux la révolution française. Les actes que je viens signaler à votre réprobation, c'est la violation acharnée des principes proclamés en 1789 et qui en conservent le nom, de même que c'est la négation des règles que je vous signalais en commençant, comme les plus propres, les seules propres à fonder la prospérité des peuples.

Ici, messieurs, je suis amené à vous faire remarquer la concordance qui existe entre les principes de l'économie politique et les principes qui portent le nom de 1789 et qui furent consignés dans le document célèbre connu sous le nom de la *Déclaration des droits de l'homme*.

Cette déclaration, que les historiens ont trop accoutumé le public à considérer comme ayant exclusivement le caractère politique, a en réalité plus de portée qu'on ne lui en suppose. On peut lui reprocher de n'être pas assez explicite sur un certain nombre de points, mais, dans sa concision, elle recèle encore tout ce qui est nécessaire. Ses formules, dans leur généralité un peu abstraite, indiquent aux esprits clairvoyants les grandes lignes de l'économie politique. Les droits dont elle investit le citoyen contiennent virtuellement la charte du travail, car elles mettent l'homme laborieux en position d'exercer ses facultés utilement pour lui-même en même temps que pour ses concitoyens. La liberté générale qu'elle proclame comprend la liberté spéciale dont le citoyen a besoin pour donner à son labeur toute sa fécondité. Par les garanties dont elle entoure la propriété, elle donne à tout homme qui coopère à l'activité productive de la société, la sécurité qui lui est indispensable pour la jouissance des fruits de son travail, pour la possession et la libre disposition de son capital. Par cela même, elle l'encourage à travailler beaucoup et bien et à économiser. Elle révèle non-seulement ce que nous sommes fondés à réclamer pour nous-mêmes, mais aussi bien ce que les autres sont fondés à attendre de nous, de sorte que c'est le code des devoirs du citoyen en même temps que celui de ses droits.

Ainsi, pour l'économiste, aussi bien que pour l'homme d'État, la déclaration des droits de l'homme, formulée dans la constitution qui porte la date de 1791, est un monument digne de respect.

La déclaration des droits de l'homme, c'est-à-dire l'exposé officiel des immortels principes de 1789, sera utilement invoquée par les économistes comme une sauvegarde contre les desseins opposés aux principes de la science qui, aujourd'hui, pourraient se produire, de quelque côté que ces desseins viennent à se manifester.

Je me résume, messieurs. L'application intelligente et ferme des principes de l'économie politique offre à la France le moyen le meilleur, le seul bien efficace, de supporter les charges matérielles qu'une guerre désastreuse l'a condamnée à supporter, et qui ont été tant aggravées par les événements intérieurs. Ces principes de l'économie politique ne sont autre chose qu'une transfiguration spéciale des principes généraux sur lesquels la France a pris, en 1789, la résolution de se constituer, principes essentiellement libéraux et essentiellement conservateurs, dont tous les peuples civilisés ont reconnu ou se préparent à reconnaître la vertu.

Mesurons à l'étendue de nos malheurs la grandeur de notre sentiment du devoir et l'intensité de nos efforts. Un des actes les plus admirables dont l'histoire ait conservé le souvenir est la démarche du sénat romain, lorsque, après la bataille de Cannes, il alla solennellement recevoir aux portes de la ville les débris de l'armés vaincue par Annibal, faire bon accueil au consul Varron, qui avait été brave, mais infiniment plus téméraire, et le féliciter hautement de n'avoir pas désespéré de la chose publique. Cette démonstration d'une suprême fermeté ne contribua pas peu à soutenir l'âme des Romains ébranlée par les plus grands revers. Essayons de nous inspirer d'un si noble exemple. Ne désespérons ni de notre pays ni des principes qui nous ont été légués par nos pères. Ayons confiance en nousmêmes, et traduisons cette confiance par l'énergie de notre labeur, par la constance de notre sagesse et par la solidité de nos convictions. Ce n'est pas la première fois, dans les quatorze siècles de son existence, que notre nation a été cruellement frappée. Pourquoi donc, si nous en avons la volonté inébranlable, n'aurions-nous pas le même succès que nos pères et ne nous relèverions-nous pas aussi bien qu'eux de notre abaissement ?

Michel Chevalier.

Paris. Typ. A. Parent, rue Monsieur-le-Prince, 31.